BEI GRIN MACHT SICH IHR WISSEN BEZAHLT

AF157172

- Wir veröffentlichen Ihre Hausarbeit,
  Bachelor- und Masterarbeit

- Ihr eigenes eBook und Buch -
  weltweit in allen wichtigen Shops

- Verdienen Sie an jedem Verkauf

Jetzt bei www.GRIN.com hochladen und kostenlos publizieren

Hendrik Kahlbach

Steuerung durch Gesetz

GRIN Verlag

Bibliografische Information der Deutschen Nationalbibliothek:

Die Deutsche Bibliothek verzeichnet diese Publikation in der Deutschen National-
bibliografie; detaillierte bibliografische Daten sind im Internet über http://dnb.d-
nb.de/ abrufbar.

Impressum:

Copyright © 2007 GRIN Verlag GmbH
Druck und Bindung: Books on Demand GmbH, Norderstedt Germany
ISBN: 978-3-656-60830-1

Dieses Buch bei GRIN:

http://www.grin.com/de/e-book/270089/steuerung-durch-gesetz

Steuerung durch Gesetz

2007

Inhaltsverzeichnis

1. Einleitung

*„Als Ausdruck einer rechtsstaatlichen und demokratischen Verfassungsordnung weist die Gewaltenteilung dem Gesetz eine zentrale Funktion zu. Das parlamentarische Gesetz ist nach wie vor ein Angelpunkt der gesamten Systembildung, weil es als **Steuerungsinstrument** gegenüber der Verwaltung und als Kontrollmaßstab für die Gerichte wirkt."*[1]

In diesem Zitat nach Eberhard Schmidt-Aßmann wird der Steuerungsanspruch des Gesetzes im demokratischen Rechtsstaat[2] deutlich. Und auch Roman Herzog hob diesen Aspekt des parlamentarischen Gesetzes hervor:

*„[...] Seit sich der Gesetzesbegriff von der Vorstellung der reinen, gewissermaßen zielfreien Normierung (sog. Normgesetz) zunehmend entfernt und gewichtige Elemente der Problembewältigung und der **Steuerung gesellschaftlicher Geschehensabläufe** in sich aufgenommen hat (sog. Maßnahmegesetz), besitzt der Gesetzgeber, d.h. konkret aber das unmittelbar vom Volk gewählte Parlament den Schlüssel zu einem der **wichtigsten Steuerungsinstrumente**, die der moderne Staat und seine Verfassung zu vergeben haben."*[3]

Eine Schlüsselrolle des Gesetzes ist es, die Verknüpfung von Demokratie und Rechtsstaat herzustellen[4], doch bedeutet dies auch, dass es einem Instrument der Sozialgestaltung durch Steuerung der Gesellschaft gleich kommt? Spontan fallen zu dieser Thematik jüngste Entwicklungen wie die am 01.01.2007 in Kraft getretenen Vorschriften zum Elterngeld im Bundeselterngeld- und Elternzeitgesetz BEEG oder aber auch das Allgemeine Gleichbehandlungsgesetz AGG ein, die einen steuernden Effekt im Sinne von Sozialgestaltung haben könnten und auch sollten.

In der vorliegenden Arbeit möchte ich hinterfragen, inwieweit das Gesetz eine steuernde Funktion im gesellschaftlichen System einnehmen kann und welche Rahmenbedingungen für eine solche Funktionsmöglichkeit des Gesetzes bestehen.

Dabei wende ich mich als erstes einer Vorüberlegung zur Problematik des Steuerungsbedarfes zu, aus der die Verknüpfung der Thematik dieser Arbeit mit dem Konstrukt der Systemtheorie deutlich werden soll, um folgend die tatsächliche

---

[1] zitiert in Schuppert 2003, S. 550.
[2] Schuppert 2003, S. 550.
[3] zitiert in Schuppert 2003, S. 550 f.
[4] Schuppert 2003, S. 551.

Funktion des Gesetzes und die dafür bestehenden systemischen Rahmenbedingungen anhand der Systemtheorie nach Niklas Luhmann zu erörtern. Zuerst setze ich mich mit den aus-schlaggebenden Aspekten der Systemtheorie auseinander, bevor ich anschließend ihre Anwendung auf das Recht skizziere. Es folgt eine Betrachtung dessen, was gemäß systemtheoretischen Annahmen die Folgen der Komplexität der Gesellschaft und des Rechtssystem im offenen Staat sind.

Die Analyse der Steuerungsfunktion des Gesetzes beinhaltet des Weiteren auch die Berücksichtigung dessen, welche Wirkung Rechtsvorschriften in der Gesellschaft haben. Es muss sich gefragt werden, inwiefern das in Gesetzen zum Ausdruck kommende Recht dem ‚in der Gesellschaft gelebten Recht' entspricht: wird das, was Gesetze in binär kodierter Form als Recht und Nicht-Recht (bzw. Unrecht) deklarieren, auch von der Gesellschaft als sinnvolle Handlungsanleitung aufgefasst und in entsprechender Weise umgesetzt? Aus diesem Blickwinkel heraus befasst sich der vierte Abschnitt dieser Arbeit mit dem Gesetzesbegriff als Spiegel der Gesellschaft.

Abschließend ziehe ich im letzten Abschnitt Schlussfolgerungen aus den vorangegangenen Überlegungen, um den Zusammenhang von Steuerung und Gesetz darzulegen.

2. *Vorüberlegung:* Problematik des Steuerungsbedarfs

Das Gesetz ist zentraler Bestandteil unseres Rechtssystems, welches ein Teilsystem der Gesellschaft darstellt. Dieses Teilsystem erfüllt eine gesamtgesellschaftliche Funktion, indem es für das Treffen von Entscheidungen zuständig ist, die ihrerseits zur Ordnung der gesellschaftlichen Verhältnisse außerhalb des Rechtssystems beitragen sollen.[5] Dabei ist anzunehmen, dass sich das Teilsystem Recht und das System Gesellschaft wechselseitig beeinflussen: das Rechtssystem beeinflusst durch das Setzen von formalen und materiellen Normen, die durch die Exekutive ausgeführt werden und nach deren Auslegung die Rechtsprechung im Falle von

---

[5] Luhmann, Ausdifferenzierung des Rechts, 1981, S. 267.

4

Konflikten entscheidet, die Gesellschaft; die Gesellschaft des demokratischen Staats wiederum wählt diejenigen, die als Akteure in der gesetzgebenden Instanz, dem Parlament, tätig werden. Sie entscheidet sich somit für oder gegen angebotene Gestaltungsimpulse bzw. Programme jener zur Wahl stehenden Akteure und nimmt auf diese Weise Einfluss.

Fraglich ist im Hinblick auf die Thematik von Steuerung durch Gesetz jedoch, in-wieweit ein Bedarf an Steuerung überhaupt besteht und ob die effiziente Steuerung eines Systems generell möglich ist.

2.1 Steuerungstheorie als Teil der Systemtheorie

Die Systemtheorie beruht auf der Eigenlogik, Autonomie und operativen Geschlossenheit komplexer Systeme. [6] Diese Komponenten lassen annehmen, dass die Beeinflussung und damit einhergehende Steuerung eines solchen Systems praktisch stets aussichtslos sein müsste; in theoretischer Hinsicht ist das Problem der Steuerung jedoch zentral, da es die Frage nach der Möglichkeit und der Qualität der Interaktion zwischen Systemen stellt. Trotz der oben genannten Komponenten komplexer Systeme – oder aber gerade durch sie – handelt es sich bei der Systemtheorie um eine System-Umwelt-Theorie.[7] Da Systeme über eine ihnen eigene Logik verfügen und sie operativ geschlossen sind, lassen sie sich voneinander abgrenzen. Alles, was nicht der speziellen Eigenlogik und der operativen Geschlossenheit eines bestimmten Systems folgt, gehört somit der Umwelt dieses Systems an.[8] Ins Blickfeld gerät also die Gestaltung der Umweltbeziehungen eines Systems, durch die es nicht isoliert bleibt und die seine Beeinflussung von außen gewähr-leistet.[9] Es kommt somit zu der Frage: durch welche Qualität der Umweltbeziehungen eines Systems kommt es zum steuernden Einfluss von außen auf dieses System? An dieser Stelle wird die Bedeutung von Steuerungstheorie als Teil der Systemtheorie erkenn-bar.

---

[6] Willke 1995, S. 1.
[7] Willke 1995, S. 2 .
[8] Krause 1996, S. 7.
[9] Willke 1995, S. 2.

Auch Rechtssystem und Gesellschaft können im Lichte einer ‚System-Umwelt-Beziehung' betrachtet werden: auch wenn es sich beim Rechtssystem um ein Teilsystem der Gesellschaft handelt, so kann es zugleich als deren Umwelt betrachtet werden, und zwar gilt dies für alle Bereiche der Gesellschaft, die nicht der Eigenlogik und operativen Geschlossenheit des Rechtssystems unterliegen und somit diesem System nicht angehören. Daher kann die Frage gestellt werden, ob sich die Beziehung ‚Gesellschaft - Rechtssystem' derart gestaltet, dass von einer steuernden Wirkung des Gesetzes als konstituierendes Element des Rechtssystems die Rede sein kann.

2.2 Das Steuerungsdilemma

In Hinblick sowohl auf die Eigenlogik eines Systems als auch auf die Rolle seiner Umweltbeziehungen befasst sich Steuerungstheorie mit den möglichen Formen der geordneten Verschränkung von operativer Geschlossenheit einerseits und externer Anregung andererseits. Steuerung kann somit weder auf externe Eingriffe noch auf interne Dynamiken reduziert werden.[10] Die Reduktion auf einen der beiden Aspekte birgt folgende Gefahren: Das Verlassen auf interne Dynamiken eines Systems lässt sich mit Nicht-Steuerung gleichsetzen. Das System wird dabei seiner Eigendynamik überlassen; dies gewährleistet zwar die maximale Nutzung der system-internen Möglichkeiten, allerdings ohne dabei Rücksicht auf negative Folgen für die Umwelt des Systems zu nehmen.[11] Die Systemumwelt ist jedoch elementare Vorrausetzung für die Existenz eines Systems, denn sein Bestehen ist bedingt durch die Abgrenzung des System von seiner ihn umgebenden Umwelt. Daher kann bezüglich der maximalen Nutzung der dem System innewohnenden Möglichkeiten von einer selbstzerstörerischen Eigendynamik die Rede sein.

Die alleinige Konzentration auf Regulation von außen hingegen würde den Möglichkeitsraum des Systems zu stark beschneiden und es somit seiner kreativen

---

[10] Willke 1995, S. 4.
[11] Willke 1995, S. 6.

und innovativen Züge berauben.[12] Somit kann die Steuerungsproblematik ins Dilemma von selbstzerstörerischer Eigendynamik eines Systems einerseits und übermäßiger Regulation zwecks Kontrolle andererseits geraten. [13] Eine Lösung für dieses Dilemma anzubieten ist Anspruch der systemtheoretischen Steuerungstheorie. Sie setzt dabei auf die resonante Verschränkung von Eigenlogik eines Systems und extern vorgegebenen Möglichkeiten und Restriktionen.[14]

Dies würde auch gelten für den Fall, dass eine steuernde Wirkung durch Gesetz auf die Gesellschaft gegeben ist: sowohl ein Mangel an Gesetzgebung als auch eine gesetzliche Überregulierung würden dann eine Einschränkung der gesellschaftlichen Entfaltung bedeuten. In diesem Falle bedürfte es eines steuerungstheoretischen Konzeptes, welches eine wechselseitige Verknüpfung zwischen der Eigenlogik des gesellschaftlichen Systems und den durch Gesetz bestehenden Geboten und Restriktionen herstellt.

2.3 Fazit

Die vorangegangenen Überlegungen zur Problematik des Steuerungsbedarfs legen folgendes nahe: a) der Steuerungsbedarf eines Systems ist dadurch gegeben, dass das Verlassen auf system-interne Dynamiken, d.h. Nicht-Steuerung, Gefahren für das System birgt, und b) wie der steuerungstheoretische Ansatz der Systemtheorie vorweist, besteht generell die Möglichkeit zur effizienten Steuerung eines Systems durch die oben genannte resonante Verschränkung.

Zudem wird deutlich, dass es zur Erörterung der Frage nach Steuerung durch Gesetz sinnvoll ist, diese Thematik im Lichte der Systemtheorie, welche auf den Juristen und Soziologen[15] Niklas Luhmann zurückzuführen ist[16], zu betrachten.

---

[12] Willke 1995, S. 6 ff.
[13] Willke 1995, S. 9.
[14] Willke 1995, S. 10.
[15] Ziegert 2000, S. 95 ff.
[16] Girtler 1976, S. 202.

3. Recht in der Systemtheorie nach Niklas Luhmann

Die Systemtheorie Niklas Luhmanns verfolgt die Analyse der Instrumente und Mechanismen sozialer Systeme[17]; durch sie lassen sich einzelne konkrete Systeme beschreiben und vergleichen, ferner macht sie den Ablauf des unendlich vielfältigen sozialen Lebens analytisch fassbar.[18] Dabei liegt eine Anwendung dieser Theorie Niklas Luhmanns auf das System der Gesetze, nämlich dem Rechtssystem, auf der Hand, denn Luhmann absolvierte ein rechtswissenschaftliches Studium und ging fast zehn Jahre einer Tätigkeit in der öffentlichen Verwaltung Niedersachsens nach bevor er sich dem Studium der Soziologie an der Harvard University widmete.[19] Das Rechtssystem entspricht daher Luhmanns Element; ihm war eine außerordentliche Sach- und Methodenkenntnis auf diesem Gebiet zueigen.[20] So sind denn auch einige seiner Arbeiten ausschließlich dem Rechtssystem gewidmet[21]. Als besonders wichtig im Zusammenhang mit der Systemtheorie erweist sich ‚Das Recht der Gesellschaft‘ (Luhmann 1993), denn aus ihm geht hervor, dass sich sowohl die Systemtheorie hervorragend zur Erklärung des Rechtssystem eignet, als auch die Beobachtung des Rechtssystems beste Argumente für die Systemtheorie generiert.[22]

Das Prinzip der Systemtheorie besteht nun darin, dass die soziale Kontingenz, d.h. die Offenheit von Möglichkeiten sozialen Handelns[23], zur Komplexität der Welt führt[24], und die sozialen Systeme die Aufgabe haben, diese Komplexität zu reduzieren, indem sie nur eine Auswahl von Möglichkeiten des Erlebens und

---

[17] unter einem sozialen System versteht Luhmann *„einen Sinnzusammenhang von sozialen Handlungen, die aufeinander verweisen und sich von einer Umwelt nicht dazugehöriger Handlungen abgrenzen lassen"*; zitiert in Girtler 1976, S. 204.

[18] Girtler 1976, S. 204 f.

[19] Stichweh 1999, S. 206.

[20] Ziegert 2000, S. 97 f.

[21] gemeint sind u. a. die Werke Luhmanns ‚Recht und Automation in der öffentlichen Verwaltung. Eine verwaltungswissenschaftliche Untersuchung‘ (1966), ‚Legitimation durch Verfahren‘ (1969), ‚Rechtssoziologie‘ 2 Bde (1972), ‚Rechtssystem und Rechtsdogmatik‘ (1974), ‚Ausdifferenzierung des Rechtssystems. Beiträge zur Rechtssoziologie und Rechtstheorie‘ (1981) und ‚Das Recht der Gesellschaft‘ (1993)

[22] Ziegert 2000, S. 98.

[23] Luhmann, Rechtssoziologie, Bd. 1, 1972, S. 31; Krause 1996, S. 5.

[24] Girtler 1976, S. 205; Krause 1996, S. 5 f.

Handelns bereitstellen[25].

Somit ist es erforderlich, die Begriffe der Komplexität und der Komplexitätsreduktion und daraus folgende Schlüsselmomente der Systemtheorie näher zu untersuchen und sie in Zusammenhang mit Recht zu bringen.

3.1 Der Komplexitätsbegriff

Wie oben bereits angedeutet kommt Komplexität dadurch zustande, dass es stets mehr Möglichkeiten des Erlebens und Handelns gibt, als aktualisiert werden können.[26] Auf abstrakter Ebene lässt sich die Entstehung von Komplexität auf die Verknüpfung von Elementen zurückführen; eine formale Definition von Komplexität beinhaltet demnach, dass ab einer bestimmten Größenordnung nicht mehr jedes Element mit jedem anderen verknüpft werden kann und Relationen somit nur noch selektiv hergestellt werden.[27] Die Elemente des sozialen Handelns und Erlebens sind dementsprechend die zur Verfügung stehenden Möglichkeiten zur Gestaltung dieses Handelns und Erlebens; durch die unüberschaubare Vielzahl, also die Größenordnung, dieser Möglichkeiten ist eine Verknüpfung aller Möglichkeiten nicht mehr möglich. Somit müssen Möglichkeiten aus-gewählt werden, damit es zum Handeln und Erleben kommen kann, d.h. die Verknüpfungen von Möglichkeiten findet nur selektionsbedingt statt. Die praktische Bedeutung von Komplexität lässt sich somit mit Selektionszwang gleichsetzen.[28] Weiterhin ist Komplexität bedingt durch die Kontingenz der Möglichkeiten, was bedeutet, dass die angezeigten Möglichkeiten weiteren Erlebens auch anders ausfallen können, als erwartet wurde. Dies birgt somit die Gefahr der Enttäuschung.[29]

---

[25] Girtler 1976, S. 205; Krause 1996, S. 6 f.
[26] Luhmann 1972, S. 31.
[27] Luhmann, Einführung in die Systemtheorie, 2004, S. 173.
[28] Luhmann 1972, S. 31.
[29] ebd. S. 31.

3.2 Komplexitätsreduktion

Gemäß der Annahmen Luhmanns lebt der Mensch in einer sinnhaft konstituierten[30], aber komplexen Welt; es kommt somit durch die Zusammenstellung gewisser Erlebnis- und Verhaltenskategorien, die gute Selektionsleistungen ermöglichen, zur Bildung von Systemen, die relativ enttäuschungsfest stabilisiert werden.[31] Komplexitätsreduktion geschieht nun dadurch, indem Umwelt und System durch den Sinn sozialen Erlebens und Handelns gegenübergestellt werden und dies die Ermöglichung der Selektionsleistung mit sich bringt.[32] Denn da es keine Punkt-für-Punkt-Beziehung zwischen Umwelt und System – dies würde nämlich die Abbildung der Umwelt im System und somit die Identität dieser beiden bedeuten - geben kann, muss das System bündeln, auch ignorieren, Indifferenz aufbringen oder Spezialeinrichtungen für ein Komplexitätsmanagement schaffen; kurzum es muss Komplexität reduzieren.[33] Durch die Reduktion von Komplexität wird also dafür gesorgt, dass unendliche Handlungsalternativen auf ein Maß zurückgeführt werden können, welches dem Einzelnen eine hinreichend sichere Verhaltensorientierung erlaubt.[34] Dabei wird Komplexitätsreduktion meist hergestellt durch Generalisierung, was entweder das Bereithalten eines identischen Reaktionsmusters für verschiedene Sachverhalte der Umwelt bedeutet oder aber es kann ein und derselbe Sachverhalt der Umwelt mit verschiedenen Reaktionen bedacht werden.[35] Dies führt zum Aspekt der Erwartung: identische Reaktionsmuster und die damit einhergehende sichere Verhaltensorientierung ermöglichen die Bildung stabiler Erwartungen in Bezug auf die Umwelt.[36] Sie bilden das solide Fundament der Selektionsleistung und tragen somit dazu bei, dass trotz der Gefahr von Enttäuschungen an den durch Komplexitätsreduktion gebildeten Strukturen festgehalten wird.[37]

---

[30] ebd. S. 30.
[31] ebd. S. 31.
[32] Girtler 1976, S. 205.
[33] Luhmann 2004, S. 168.
[34] Girtler 1976, S. 204.
[35] Luhmann 2004, S. 169.
[36] Luhmann 1972, S. 31.
[37] ebd. S. 31 f.

3.3 Erwartungs-Erwartungen

Das volle Ausmaß an Komplexität und Kontingenz wird jedoch erst dadurch ersichtlich, indem Luhmann betont, dass die von anderen Menschen aktualisierten Möglichkeiten auch meine Möglichkeiten sind. Diesen Aspekt benennt Luhmann als ,doppelte Kontingenz' und versteht darunter die Steigerung der Offenheit von Möglichkeiten sozialen Handelns durch das Leben in einer sozialen Welt. Zur Sicherung der Stabilität von sozialer Interaktion bedarf es somit komplizierter Erwartungsstrukturen, nämlich den Erwartungen von Erwartungen.[38] D.h. es ist erforderlich, *„dass jeder erwarten kann, was der andere von ihm erwartet"*.[39] Durch die Selektivität des Verhaltens eines Anderen, d.h. durch dessen Möglichkeit zur Auswahl aus anderen Alternativen, kann dieses Verhalten nicht als determiniertes Faktum erwartbar sein. Diese Selektivität wird jedoch wiederum durch die Erwartungsstrukturen des Anderen gesteuert; zur Steuerung eines Zusammenhangs sozialer Interaktion ist es somit notwendig, dass man nicht nur das Verhalten, sondern auch die Erwartungen des Anderen erwarten können muss, um entsprechend integrierbare Problemlösungen zu finden. Zur Ebene unmittelbarer Verhal-tenserwartungen, auf welcher es um die Erfüllung oder Enttäuschung der Erwartungen des Anderen geht, kommt die Ebene der Einschätzung dessen, was eigenes Verhalten für fremdes Erwarten bedeutet.[40]

3.4 Anwendung auf das Recht

Soziale Systeme stabilisieren objektive, gültige Erwartungen, nach denen ,man' sich richtet. Die Erwartungen können dabei in Sollform, oder aber auch in Eigenschaftsbestimmungen, Handlungslokalisierungen, Merkregeln usw. zum Ausdruck kommen. Ausgehend davon, dass die Sicherheit im Erwarten von Erwartungen für alle Interaktion von höherer Bedeutung ist als die Erfüllung von Erwartungen, dienen solche anonymen Verhaltenssynthesen dazu, das

---

[38] ebd. S. 32 f.
[39] zitiert nach ebd., S. 33.
[40] ebd. S. 34.

Bewusstwerden über die Verzahnung konkreter Erwartungen sozusagen zu überspringen und somit überflüssig zu machen.[41] Dies entspricht der Reduktion von Komplexität durch Generalisierung. Des Weiteren kommt Luhmann zu der Feststellung, dass die Orientierung an der Regel die Orientierung an Erwartungen erübrige und außerdem das Fehlerrisiko des Erwartens mindere, *„ denn dank der Regel ist man in der Lage, davon auszugehen, dass derjenige, der abweicht, falsch gehandelt hatte; dass die Diskrepanz also nicht (eigenem) falschem Erwarten, sondern (fremdem) falschem Handeln zuzurechnen ist."*[42] Wie oben bereits angedeutet gewährleistet die Regel, dass das Bewusstsein von Komplexität und Kontingenz entlastet wird. Normen nehmen eine komplexitätsreduzierende Funktion ein; ihre Geltung beruht daher auf der Komplexität und der Kontingenz des Erlebnisfeldes.[43]

Regeln und Normen sind auch Inhalt des Gesetzes; somit spannt sich hier der Bogen zum geltenden Recht, welches ja durch die Gesetze zum Ausdruck kommt. Und zwar bestätigt und stabilisiert das System des geltenden Rechts die vorhandenen anonymen Verhaltenserwartungen; es verleiht dem sozialen System dadurch eine Struktur.[44] Demnach findet das Recht bei Luhmann folgende Definition: es ist die *„Struktur eines sozialen Systems, das auf kongruenter Generalisierung normativer Verhaltenserwartungen beruht".*[45]

3.5 Die Komplexität der Gesellschaft und des Rechtssystems im offenen Staat

Hinsichtlich der Frage nach den Rahmenbedingungen für die Funktions- und Wirkungsweise des Gesetzes unter Anwendung der Luhmannschen Systemtheorie liegt es des Weiteren nahe, die Komplexität der Gesellschaft und des Rechtssystems im offenen Staat zu betrachten, denn das Konzept des offenen Staates entspricht der gegenwärtigen und zukünftigen staatlichen Realität, seitdem die Verabschiedung des Nationalstaates begonnen hat.[46] Diese Realität ist entscheidend für die Gestaltung

---

[41] ebd. S. 38 f.; Girtler 1976, S. 207.
[42] zitiert nach Luhmann 1972, S. 39.
[43] ebd. S. 39; Girtler 1976, S. 207.
[44] Girtler 1976, S. 207 f.
[45] zitiert nach Luhmann 1972, S. 105.
[46] Wahl, in: JuS 43, 2003, S. 1145 ff.; Di Fabio 2001, S. 15.

der Gesellschaft und des Rechtssystems; es ist somit zu untersuchen, welche Konsequenzen sie für Gesellschaft und Rechtssystem und folglich für das Gesetz beinhaltet.

Der offene Staat lässt sich kennzeichnen durch die folgenden Aspekte:

- die Auflösung des Nationalstaates führt zur Entgrenzung von Wirtschaft, Wissenschaft, Kultur, Kommunikation und Recht; verschiedene Lebensbereiche und gesellschaftliche Systeme überschreiten somit die Staatsgrenzen

- Art. 24 GG ermöglicht die Übertragung von Hoheitsrechten nach außen; Souveränität als entscheidendes Merkmal eines Staates ist daher nicht mehr gegeben

- das Rechtssystem ist gebunden an das verflochtene Modell der sog. Drei-Ebenen-Architektur bestehend aus Nationalstaat, europäischer Integrationsgemeinschaft und internationalen Organisationen[47]

Der letzte Punkt gibt bereits eine aus dem offenen Staat resultierende Konsequenz für das Rechtssystem und somit für das Gesetz, als das das Rechtssystem konstituierende Element, wieder. Alle drei Punkte haben ferner gemeinsam, dass sie zur immensen Steigerung der Komplexität sowohl der Gesellschaft als auch des Rechtsystem führen, denn zu den unendlichen Elementen, die Möglichkeiten des Handelns und Erlebens innerhalb des Nationalstaates bilden, kommen die unendlichen Elemente, die jene Möglichkeiten auf supranationaler Ebene beinhalten. Aus Abschnitt 3.4 (S. 9) geht hervor, dass Recht im Sinne der Systemtheorie der Struktur eines sozialen Systems, das auf kongruenter Generalisierung normativer Verhaltenserwartungen beruht, entspricht. Dem Gesetz als Ausdruck des geltenden Rechts kommt demnach die Funktion der Komplexitätsreduktion zu, indem es relativ stabile, enttäuschungsfeste Regeln und Normen beinhaltet.[48] Doch kann es dies im offenen Staat angesichts der beträchtlichen *Komplexitätssteigerung* noch

---

[47] Wahl, in: JuS 43, 2003, S. 1145 ff.
[48] Luhmann 1972, S.39.

bewerkstelligen?[49] Die Drei-Ebenen-Architektur bringt eine verhängnisvolle Unübersichtlichkeit des Rechts mit sich; es ist somit *nicht* mehr möglich – um es mit den Worten Luhmanns auszudrücken - , dass jeder erwarten kann, was der Andere von ihm erwartet.[50] D.h. die Bildung von Erwartungs-Erwartungen als grundlegendes Merkmal der Stabilitätssicherung von sozialer Interaktion ist nicht mehr gegeben. Da dieses Merkmal auch Basis der Funktions- und Wirkungsweise des Gesetzes ist, ist davon auszugehen, dass es durch die grenzüberschreitende Realität des offenen Staates nicht mehr die Reduktion von Komplexität gewährleisten kann. Dies bedeutet auch, dass das durch Gesetz zum Tragen kommende geltende Recht nicht mehr der oben genannten Struktur (S. 10) entspricht; hinzukommt, dass das soziale System, welches ja mit Gesellschaft gleichzusetzen ist, durch die im Rahmen des offenen Staates statt findenden Komplexitätssteigerungen der Gesellschaft und des Rechts nicht mehr auf der kongruenten Generalisierung normativer Verhaltenserwartungen beruht.

Resultierend können diese Überlegungen aus den Annahmen der Systemtheorie sogar so weit geführt werden, dass sie folgende wagemutige Schlussfolgerung nahe legen: die Entwicklung und die kennzeichnenden Merkmale des offenen Staates führen dazu, dass es das (allgemein) geltende Recht nicht mehr gibt.

4. Der Gesetzesbegriff als Spiegel der Gesellschaft

Geht man der Frage nach, inwieweit der Gesetzesbegriff als Spiegel der Gesellschaft aufgefasst werden kann, so kann ein weiterer Ansatz aus den systemtheoretischen Überlegungen Luhmanns Aufschluss geben: die These vom lebenden Recht bzw. die These vom Recht als komplexem System.[51]

Die These vom lebenden Recht wurde ursprünglich von Eugen Ehrlich entwickelt[52] und dann durch anknüpfende Überlegungen Luhmanns in der These vom Recht als

---

[49] Di Fabio 2001, S. 64.
[50] Wahl, in: JuS 43, 2003, S. 1145 ff.
[51] Ziegert 2000, S. 102 ff.; S.116.
[52] ebd. S. 103.

komplexem System von der Systemtheorie adaptiert[53]. Ehrlich setzt an der rechtssozio-logischen Erkenntnis an, dass man nicht nur genau wissen kann, was Recht ist, sondern auch sagen kann, dass es nicht das ist, wofür Juristen es halten. Er belegte empirisch, dass der Schwerpunkt des Rechts nicht in Rechtspraxis, Rechtsprechung oder Gesetzgebung zu finden sei, sondern in der Gesellschaft, und benannte diesen Befund als *„lebendes Recht"*.[54] D.h. gemäß den Formulierungen Ehrlichs ist nicht das Gesetz, dass durch die Gesetzesbindung als ideologischen Schulterschluss von Staat und Recht als vorrangige Rechtsquelle erklärt wird, die ‚Quelle' des Rechts, sondern die Gesellschaft bzw. das ‚lebende Recht'.[55] Recht ist nach der These Ehrlichs somit nicht gleichzusetzen mit der binär-kodierten juristischer Gesetzesauslegung, die anhand des Merkmals der Gesetzeskonformität mit den Codes ‚Recht'/'Nicht-Recht' versieht.

Hier lässt sich bereits erkennen, dass der Gesetzesbegriff nicht als Spiegel der Gesellschaft in Betracht kommen dürfte. Dies verfestigt sich durch Luhmanns Übernahme dieses Ansatzes und dessen Weiterentwicklung zur These vom Recht als komplexem System. Nach den Annahmen Luhmanns ist das Recht der Gesellschaft, grundlegend betrachtet, die Zukunftssicherung durch Erwartensstabilisierung, die zu mehr oder weniger konsistenter, auf alle Fälle aber praktischer Entscheidungsfindung zwingt. Und zwar kann dies durch die Rechtskommunikation gewährleistet werden. Doch durch den Entscheidungszwang der Juristen, immer rechtlich entscheiden zu müssen, wird Recht immer mit Rückgriff auf Recht begründet; somit wird das Rechtssystem zum komplexen, sich selbst organisierenden System, das über hohe, aber stabile Eigenkomplexität verfügt. [56] Luhmann bezeichnet ein solches System als autopoietisch; d.h. es handelt sich um ein sich selbst entwickelndes System[57]- selbst entwickelnd insofern, als das es die Elemente aus denen es besteht selbst erzeugt.[58] Anhand dieser Beschreibung des

---

[53] ebd. S. 107.
[54] ebd. S. 103.
[55] ebd. S. 105.
[56] ebd. S. 107 ff.
[57] ebd. S. 101.
[58] Krause 1996, S. 21.

Rechtssystem wird nun deutlich, was mit Ehrlich bereits zum Ausdruck kam, nämlich, dass das Recht, das durch Gesetze geformt wird, nicht das widerspiegelt, was die Gesellschaft mit Recht im Sinne von ‚Richtig' verknüpft und durch entsprechen-

de Handlungen als gültiges Recht lebt.[59] Ein Gesetz, das zwar im Sinne des Rechtssystems formal und materiell rechtens ist entspricht somit nicht zwangsläufig dem, was die Gesellschaft als rechtens bzw. unrecht erachtet; als Beispiel lässt sich in diesem Zusammenhang das Verbot der Steuerhinterziehung anführen. Durch seine Selbstreferentialität kann sich das Rechtssystem nicht mit den tatsächlichen Gegebenheiten außerhalb seines selbst verschränken. Daher ist es nicht möglich, dass es durch Beobachtung der Gesellschaft die Wirkung der von ihm erlassenen Gesetze bei der weiteren Aufstellung von Rechtsvorschriften berücksichtigt und es somit zur Verwirklichung des Gesetzes-begriff als Spiegel der Gesellschaft kommen könnte.

5. *Schlussfolgerungen:* **Gesetz als Instrument der Steuerung?**

In diesem letzten Abschnitt soll nun durch Schlussfolgerungen aus den vorangegangenen Punkten der Frage nachgegangen werden, inwieweit es sich beim Gesetz um ein Instrument der Steuerung handelt.

Die Vorüberlegung im Bereich der Steuerungstheorie lässt zwar die generelle Möglichkeit der Steuerung zu - gemäß dem steuerungstheoretischen Ansatz würde Steuerung durch Gesetz eine resonante Verschränkung von Gesetz bzw. Gesetzgebung und Gesellschaft bedeuten – alle weiteren Überlegungen lassen es jedoch als fragwürdig erscheinen, inwiefern das Gesetz als Instrument zur Steuerung dient. So wird denn auch im Bereich des Gesetzesbegriffes als Spiegel der Gesellschaft deutlich, dass es eine resonante Verschränkung von Gesetz und Gesellschaft nicht gibt und auch aufgrund der systemischen Beschaffenheit des Rechts kaum geben kann[60]. Somit kann bereits aus der Perspektive der

---

[59] Ziegert 2000, S. 108 f.
[60] ebd. S. 110 ff.

16

Steuerungstheorie kein Zusammenhang zwischen Steuerung und Gesetz bestehen.

Aus der Anwendung der Systemtheorie auf das Recht geht zunächst hervor, dass das Gesetz der kontrafaktischen Stabilisierung von Verhaltenserwartungen dient. Es ist zunächst nicht auszuschließen, dass es gleichzeitig auch die Funktion der Verhaltenssteuerung innehaben könnte, indem Gesetze erlassen werden, um menschlichen Verhaltens eine andere Richtung zu geben und somit zukünftige Verhaltenswahrscheinlichkeiten zu ändern. Ein Widerspruch ergibt sich jedoch bei Betrachtung des Anspruchniveaus dieser beiden Funktionsmöglichkeiten des Gesetzes. Denn während erstere auf die Sicherung von Erwartungen, bei gleichzeitiger Indifferenz gegenüber dem tatsächlichen Ausgang und somit der Wirkung einer Situation, abzielt, beansprucht die zweite Möglichkeit gerade die Sicherung bestimmter Effekte.[61] Somit ist die gleichzeitige Erfüllung dieser beiden Funktionen durch das Gesetz nicht gegeben.

Die Überlegungen zum offenen Staat lassen des Weiteren erkennen, dass durch Gesetz keine Steuerungswirkung erzielt wird, dass es im Gegenteil sogar unter den Bedingungen der durch den offenen Staat gesteigerten Komplexität quasi zur Auflösung des allgemein gültigen Rechts kommt, und somit nicht von einer Steuerungsleistung sondern von dem Herstellen von Orientierungslosigkeit die Rede sein kann.

---

[61] Luhmann 1981, S. 73 f.

Literaturverzeichnis

Borucka-Arctowa, Maria	Die gesellschaftliche Wirkung des Rechts, in: Hirsch, Ernst E./Rehbinder, Manfred (Hrsg.): Schriftenreihe zur Rechtssoziologie und Rechtstatsachenforschung Bd. 35, Berlin, 1975
Di Fabio, Udo	Der Verfassungsstaat in der Weltgesellschaft, Tübingen 2001
Girtler, Roland	Rechtssoziologie – Thesen und Möglichkeiten, München, 1976
Krause, Detlef Gesamtwerk	Luhmann-Lexikon. Eine Einführung in das von Niklas Luhmann, Stuttgart 1996
Luhmann, Niklas	Ausdifferenzierung des Rechts. Beiträge zur Rechtssoziologie und Rechtstheorie, 1. Auflage, Frankfurt am Main, 1981
ders.	Das Recht der Gesellschaft, 1. Auflage, Frankfurt am Main, 1993
ders.	Rechtssoziologie Bd. 1, Reinbek bei Hamburg 1972
Luhmann, Niklas/ Baecker, Dirk (Hrsg.)	Einführung in die Systemtheorie, 2. Auflage, Heidelberg 2004
Schuppert, Gunnar Folke	Staatswissenschaft, 1. Auflage, Baden-Baden 2003
Stichweh, Rudolf	Niklas Luhmann (1927-1998), in: Kaesler, Dirk (Hrsg.): Klassiker der Soziologie, Bd. 2. Von Talcott Parsons bis Pierre Bourdieu, 1. Auflage, München 1999
Wahl, Rainer	Der offene Staat und seine Rechtsgrundlagen, in: JuS 43, 2003, S. 1145 ff.
Willke, Helmut Sozialsysteme,	Systemtheorie III: Steuerungstheorie. Grundzüge einer Theorie der Steuerung komplexer 1. Auflage, Stuttgart 1995

Ziegert, Klaus A. und Henk/ Berg,

Rechtstheorie, Reflexionstheorien des Rechtssystems die Eigenwertproduktion des Rechts, in: de

Schmidt, Johannes F.K. (Hrsg.): Rezeption und Reflexion. Zur Resonanz der Systemtheorie Niklas Luhmanns außerhalb der Soziologie, Frankfurt am Main 2000